CALAMARS, SEICH[...]
CUISINE DES MO[...]

Les recettes qui suivent sont consacrées aux savoureux et délicats mollusques appelés céphalopodes: seiches, calamars ou encornets, poulpes ou élédones, que vous choisirez gros ou petits selon les cas. Pour ce qui concerne les mollusques gastéropodes et lamellibranches – bulots ou coquilles Saint-Jacques, moules, palourdes et autres bivalves – reportez-vous au volume correspondant (*Les Coquillages*, dans la même collection), ces derniers étant parfois cités comme ingrédients complémentaires ou facultatifs.

Les céphalopodes sont délicieux et permettent de préparer, sans trop d'efforts, des plats d'une grande élégance et très gratifiants, aussi bien du point de vue du goût que de l'esthétique. Notre tour d'horizon commence par des hors-d'œuvre, se poursuit avec des entrées – dont le choix varié nous a semblé représentatif d'un nombre infini de recettes – et se termine par des plats principaux qui sont souvent des plats uniques et complets. Les quantités données pour les hors-d'œuvre peuvent très bien être augmentées pour obtenir des plats de résistance. Les temps indiqués sont globaux, c'est-à-dire qu'ils incluent les préparations accessoires; les opérations préliminaires sont comptabilisées à part (par exemple, la préparation d'un bouillon de légumes).

L'AVIS
DU DIÉTÉTICIEN

Les qualités nutritionnelles des mollusques marins dits céphalopodes (calamars et seiches) et octopidés (poulpes) sont tout à fait comparables à celles des autres "viandes marines": une valeur biologique des protéines identique à celle des viandes de boucherie; une teneur protidique élevée (10 à 14%); la présence bénéfique d'acides gras essentiels, de sels minéraux et de vitamines. Selon certaines idées reçues, ces mollusques à la chaire fine et goûteuse seraient excessivement caloriques et trop riches en lipides: rien n'est plus faux. Ils sont, de fait, classés parmi les produits de la pêche les plus maigres (1-2 % de lipides, tous polyinsaturés) et n'apportent que 60 à 75 Kcal par 100 g de chair consommable. Ils sont, par conséquent, excellents pour préparer des plats de résistance et pour enrichir des entrées ou en accentuer le goût. Par contre, comme hors-d'œuvre, ils sont de trop dans un repas déjà complet; c'est pourquoi, dans les fiches, nous avons quantifié leur apport nutritionnel en tenant compte de l'entrée.

Petits calamars au poivre ▶

Voici un hors-d'œuvre tiède, excellent, que vous pourrez faire suivre d'un poisson grillé (ou en papillote) avec une garniture toute en fraîcheur, et d'un dessert aux fruits. Même s'ils sont petits, les calamars doivent être nettoyés comme indiqué page 4.

Nettoyez et lavez les calamars (voir p. 4). S'ils sont tout petits, laissez-les entiers; sinon, détaillez-les en rondelles. Lavez les tomates, épépinez-les et coupez-les en dés. Pelez l'ail et l'oignon et hachez-les finement. Mettez-les à fondre, avec l'ail pelé, dans une sauteuse avec 3-4 c. à soupe d'huile.

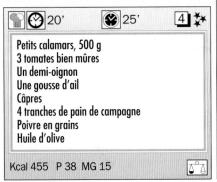

20'   25'   4

Petits calamars, 500 g
3 tomates bien mûres
Un demi-oignon
Une gousse d'ail
Câpres
4 tranches de pain de campagne
Poivre en grains
Huile d'olive

Kcal 455 P 38 MG 15

Unissez les calamars, une pincée de sel et une cuillerée de grains de poivre. Mélangez et faites revenir sur feu doux. Ajoutez les tomates, couvrez le récipient et laissez mijoter une quinzaine de minutes.
Pendant ce temps, faites griller le pain au four.
Retirez le couvercle de la sauteuse, augmentez le feu et faites réduire vivement 5 minutes. Unissez une c. à soupe de câpres, éteignez et mélangez. Laissez reposer 5 minutes.
Disposez les tranches de pain grillé dans le plat de service et garnissez-les de calamars avec un peu de sauce. Laissez refroidir encore un peu et servez.

Petits calamars marinés

Une autre recette de hors-d'œuvre d'été en tartines. Tout simple et facile à préparer, ce plat se mange froid.

Lavez et hachez un brin de persil. Rincez les anchois sous l'eau froide courante et séparez les filets. Nettoyez les calamars (voir p.4) et pochez-les une dizaine de minutes à l'eau légèrement salée. Égouttez-les et laissez-les refroidir. S'ils sont tout petits, laissez-les entiers; sinon, découpez-les en rondelles.
Mettez les calamars à mariner dans une terrine avec le jus de citron, une c. à soupe d'huile, l'ail émincé, les filets d'anchois émiettés, une pincée de sel et quelques grains de poivre.

Laissez-les macérer 1 heure puis égouttez-les et poudrez-les de persil haché. Distribuez-les sur des tranches de pain grillé arrosées de marinade et servez.

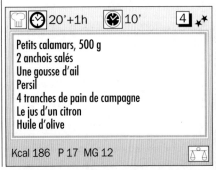

20'+1h   10'   4

Petits calamars, 500 g
2 anchois salés
Une gousse d'ail
Persil
4 tranches de pain de campagne
Le jus d'un citron
Huile d'olive

Kcal 186 P 17 MG 12

Petits calamars dans leur jus

L avez et hachez le persil. Nettoyez les calamars puis mettez-les dans un plat à four avec l'ail haché et 2 c. à soupe d'huile. Glissez-les 5 minutes au four (200 °C). Sortez-les, arrosez-les d'un demi-verre de vin et quelques gouttes de vinaigre balsamique. Salez et poivrez.

Repassez les calamars au four 8 minutes puis sortez-les à nouveau. Parsemez-les de persil haché et servez immédiatement.

Garnissez les assiettes de rondelles de citron, de pluches de persil et de croûtons.

🍳🕐 20'	✿ 15'	4 ✦
Petits calamars, 500 g		
4 gousses d'ail		
Un brin de persil		
Vin blanc sec		
Vinaigre balsamique		
Huile d'olive		
Kcal 432 P 21 MG 13		⚖

COMMENT NETTOYER LES CALAMARS (ÉGALEMENT APPELÉS ENCORNETS, CHIPIRONS OU SUPIONS)?

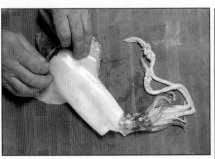

1 Enlevez la peau qui recouvre le céphalopode ou, s'il est de petite taille, lavez-le simplement.

2 Avec vos doigts, videz le corps (appelé poche ou sac) de ses organes et de sa poche à encre.

3 Coupez la tête du calamar. Éliminez les yeux et le bec situé au milieu des tentacules. Saisissez la "plume" entre le pouce et l'index.

4 Extrayez la plume (inutile s'il est petit). Lavez le calamar. Détaillez-le en rondelles ou en lanières; découpez ou hachez ses tentacules.

Hors-d'œuvre exotique

Ce hors-d'œuvre froid fait partie d'un menu "grandes occasions" créé spéciale-ment par le chef qui a dirigé ce volume. Il prévoit ensuite des Tagliatelles Déméter (p. 35) et un Fritto misto (p. 42).

🍳⏱ 20'+1h ❀ 15' [4] ★

Petites seiches, 300 g
Petits poulpes (élédones), 300 g
Un demi-ananas
Une demi-grenade
Une petite échalote
Le jus d'un citron
Persil
4-5 tranches de pain de campagne
Vin blanc sec
Huile d'olive

Kcal 491 P 27 MG 13

Nettoyez les seiches (voir p. 13) et les poulpes (voir p. 10). Mettez-les dans un plat creux, recouvrez-les d'échalote et de persil. Ajoutez sel, poivre et un filet d'huile. Mettez le plat au-dessus d'une casserole d'eau bouillante et faites cuire 12 minutes à la vapeur. Égrenez la grena-de et mettez-en la moitié dans un bol avec le jus de citron et un demi-verre de vin. Découpez l'ananas en tranches. Reti-rez les mollusques du feu, laissez-les re-froidir et coupez-les en petits morceaux. Dressez-les dans un plateau et versez le contenu du bol par-dessus. Couvrez le plateau et glissez-le 1 heure au réfrigéra-teur. Faites griller les tranches de pain puis trempez-les dans la marinade (jetez l'ex-cédent de jus), égouttez-les et rangez-les dans le plateau ainsi que les tranches d'ananas. Parsemez avec les graines de grenade restantes et de persil haché.

Coupes Aurore

🍳⏱ 20'+30'   ❀ 20'   [4] ⋆

Petits calamars, 200 g
Petits poulpes (élédones), 200 g
2 langoustines
Une endive
Un demi-épi de maïs
Un yaourt nature
Ciboulette
2 pamplemousses (roses de préférence)
Vinaigre blanc
Huile d'olive

Kcal 323   P 23   MG 14   ⚖

N ettoyez les calamars (voir p. 4) et les poulpes (voir p. 10) puis pochez-les à l'eau légèrement salée. Égouttez-les et coupez-les en petits morceaux. Pochez les langoustines, égouttez-les et laissez-les refroidir. Décortiquez-les, éliminez leur intestin et détaillez-les elles aussi. Lavez le maïs, égrenez-le et pochez-le 10 minutes à l'eau légèrement salée. Nettoyez l'endive et tranchez-la en rondelles. Coupez les pamplemousses en deux et évidez-les au milieu. Dans un saladier, mélangez les mollusques, les langoustines, le maïs égoutté, l'endive et quelques morceaux de pamplemousse. Assaisonnez le tout avec de l'huile, du sel et du poivre. Unissez le yaourt et mélangez. Laissez reposer une demi-heure au réfrigérateur.
Assaisonnez la salade de quelques gouttes de vinaigre et poudrez-la de ciboulette ciselée avant de la répartir dans les "coupes" de pamplemousse.

Petits poulpes en salade

Pour nettoyer les petits poulpes ou élédones de Méditerranée, procéder comme indiqué page 10. S'agissant de petits animaux, il n'est pas nécessaire de leur enlever le bec et les yeux.

Nettoyez les poulpes et pochez-les 15 minutes à l'eau salée et additionnée d'un verre de vin. Éteignez et laissez-les refroidir dans leur jus. Après quoi, égouttez-les, coupez-les en petits morceaux et mettez-les dans un saladier. Assaisonnez-les avec de l'huile, du jus de citron, de l'ail et du persil hachés, un peu de sel et de poivre. Laissez-les reposer 1 heure au réfrigérateur (compartiment pas trop froid).
Servez-les, à température ambiante, sur un lit de salade verte avec des tranches de citron et des rondelles de tomate.

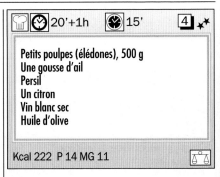

🍳⏲ 20'+1h ⏲ 15' ４ ✦✦

Petits poulpes (élédones), 500 g
Une gousse d'ail
Persil
Un citron
Vin blanc sec
Huile d'olive

Kcal 222 P 14 MG 11 ⚖

Une autre salade: cuisez un gros poulpe, coupez-le en petits morceaux et assaisonnez-le avec de l'ail, du persil, de l'huile et du citron. Un plat unique: augmentez les doses et ajoutez 4 filets d'anchois salés émiettés et un hachis d'olives. Servez tiède avec des pommes de terre persillées.

Encornets à la corsaire

🍴⏱20' ⊘28' 4 ✴

Petits encornets rouges, 500 g
2 gousses d'ail
Persil
Un piment rouge
Vinaigre de vin blanc
Huile d'olive

Kcal 187 P 18 MG 12 ⚖

Choisissez de tout petits calamars. Nettoyez-les (voir p. 4) puis détaillez-les en petits morceaux. Hachez l'ail et un brin de persil et faites-les revenir sur feu très doux dans une sauteuse avec le piment émietté et 4-5 c. à soupe d'huile. Unissez les céphalopodes et une pincée de sel. Couvrez le récipient et réglez le feu sur minimum. Laissez mijoter 20 minutes en remuant de temps à autre. Retirez le couvercle de la sauteuse, versez-y quelques gouttes de vinaigre (nous avons essayé avec du vinaigre balsamique: excellent), mélangez et laissez réduire 5 minutes.
Servez tiède: un vrai délice.

Poulpe au citron

Après avoir nettoyé le poulpe, mettez-le dans une casserole d'eau froide avec la carotte, le céleri, une feuille de laurier, un demi-verre de vin et 5 grains de poivre.

Couvrez le récipient, portez à ébullition, baissez et faites cuire à petits bouillons pendant 1 heure (une heure et demie au besoin). Laissez le poulpe refroidir dans son eau puis égouttez-le et découpez-le en morceaux.

Mettez-le à macérer dans une terrine avec de l'huile, un petit verre de vinaigre, le jus et l'écorce du citron coupée en bâtonnets. Laissez-le mariner au moins 1 heure. Dressez le poulpe dans un plat de service, poudrez-le de persil haché et décorez avec du citron et des lanières de légumes pochés.

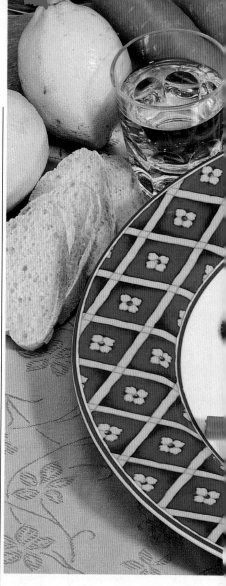

COMMENT NETTOYER ET CUIRE LE POULPE?

Si possible, faites-le nettoyer par votre poissonnier. Sinon, voici comment vous y prendre: lavez-le sous l'eau courante et débarrassez-le de sa peau (inutile, s'il est tout petit). Retournez le corps comme une chaussette, nettoyez-le bien puis remettez-le à l'endroit. Retirez les yeux et le bec corné situé au milieu des tentacules (inutile, là aussi, s'il est petit). Lavez-le à plusieurs eaux et épongez-le. Le problème avec le poulpe c'est qu'il est coriace. D'où d'innombrables expédients et petits "trucs" pour l'attendrir: qui dit de le battre longuement, qui de le cuire en mettant deux bouchons de liège dans l'eau, qui de le passer quelques heures au freezer et de le décongeler juste avant de le cuire (trop long, direz-vous: il suffit de l'acheter congelé) et ainsi de suite. L'important, c'est de ne pas l'acheter trop gros ou, du moins, de savoir que plus il est gros, plus il sera long à cuire. Quoi qu'il en soit, il faut impérativement le cuire à l'eau froide et, une fois cuit - qu'il soit gros ou petit - le laisser refroidir dans son eau. Vu que la cuisson traditionnelle est longue (une heure au moins), pour gagner du temps, on a tout intérêt à utiliser un autocuiseur.

20'+1h	1h 30' env.	4 ✦✦	Kcal 274 P 15 MG 16	

Un poulpe de 600 g env.	Un beau bouquet de persil	Poivre noir en grains
Une demi-carotte	Vin blanc sec	Huile d'olive
Une demi-branche de céleri	Vinaigre de vin rouge	Légumes à l'eau (garniture)
Laurier	2 citrons	

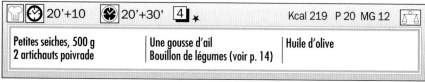

🍳⏱ 20'+10	⏰ 20'+30'	4 ★		Kcal 219 P 20 MG 12	⚖

Petites seiches, 500 g	Une gousse d'ail	Huile d'olive
2 artichauts poivrade	Bouillon de légumes (voir p. 14)	

Seiches aux artichauts

Nettoyez le seiches comme ci-dessous, lavez-les et épongez-les bien. Parez les artichauts et blanchissez-les 5-6 minutes dans le bouillon de légumes. Mettez-les à égoutter tête en bas sur un linge puis coupez-les en huit.
Mettez les seiches et les artichauts dans un plat à four avec l'ail finement haché, 3-4 c. à soupe d'huile, un demi-verre de bouillon, sel et poivre. Couvrez le plat et glissez-le 15 minutes au four (200 °C).
Sortez le plat du four et laissez tiédir. Dressez les seiches au milieu du plat de service, disposez les artichauts tout autour et persillez. Un excellent hors-d'œuvre tiède.

COMMENT NETTOYER LES SEICHES (ÉGALEMENT APPELÉES MARGATES, SÉPIAS OU SUPIONS SELON LEUR TAILLE ET LES RÉGIONS)?
Comme pour les calamars, il n'est pas forcément nécessaire de procéder à toutes les opérations illustrées ci-dessous lorsqu'il s'agit de petits animaux; en particulier, en ce qui concerne l'élimination des yeux et du bec (étape N°4).

1 Coupez la tête et séparez les tentacules du sac (le corps). Videz celui-ci de ses organes et de sa poche à encre.

3 Agrandissez l'ouverture et extrayez l'os d'une main en tenant le corps de l'autre.

2 Posez le sac, face blanche vers le haut et incisez-le à l'intérieur de manière à faire sortir la partie dure: l'os de seiche.

4 Retirez les yeux et le bec. Détaillez le sac en rondelles ou en lanières; découpez ou hachez les tentacules.

Courgettes farcies

Petites seiches, 300 g Champignons de Paris frais, 200 g 3 grosses courgettes	1-2 échalotes Bouillon de légumes Laurier et persil Cannelle en poudre	Vin blanc sec La mie de 2 tranches de pain Beurre, 50 g

Pour le bouillon de légumes: faites bouillir 30 min. à l'eau légèrement salée une carotte, un oignon, une branche de céleri et une petite tomate (ou bien utilisez du bouillon en cube). Pour cette recette, ajoutez-y une feuille de laurier, une pointe de cannelle, un brin de persil et 3 grains de poivre. Il vous en faudra un bon litre.

1 Trempez la mie dans le bouillon. Nettoyez les seiches (voir p. 13) et les champignons. Coupez les courgettes en quatre. Évidez-les sans les crever.

3 Mixez les seiches et les champignons avec la mie essorée, un demi-verre de vin, une c. à soupe de bouillon, du sel et du poivre.

2 Pochez les seiches 5-6 min. dans du bouillon. Faites revenir l'échalote hachée dans 30 g de beurre, ajoutez les champignons émincés. Cuisez 10 min. en humectant avec un verre de bouillon.

4 Remplissez les courgettes de farce et rangez-les dans un plat beurré. Arrosez-les d'un verre de bouillon et cuisez-les 12 min. au four (200 °C) en rajoutant du bouillon au besoin.

Croûtes Délice

Voici un hors-d'œuvre tout en délicatesse et raffinement: à servir tiède en ouverture d'un menu à base de poisson. Vous pourrez le faire suivre, par exemple, de Tagliatelles Déméter (recette p. 35) et d'un dessert à la cuiller.

Nettoyez le chou (enlevez nervures et feuilles dures) puis blanchissez-le à l'eau légèrement salée. Égouttez-le, émincez-le finement et faites-le revenir à la poêle avec 3 c. à soupe d'huile et quelques gouttes de vinaigre balsamique. Pressez les grains de raisin, recueillez leur jus et filtrezle. Versez-le dans une casserole, ajoutez-y le jus du citron, du sel et du poivre. Mettez le récipient sur feu doux et faites réduire le liquide de moitié.

🍴⏱30' ⏲35' 4 ✴

Petits encornets rouges, 400 g
Un quartier de chou vert
Un demi-poireau
Une gousse d'ail
Une belle grappe de raisin blanc
Un citron
4 tranches de pain de campagne
Vin blanc sec
Vinaigre balsamique
Huile d'olive

Kcal 511 P 26 MG 13 ⚖

Nettoyez les encornets (voir p. 4). Parez le poireau, émincez-le finement et mettez-le à suer dans une sauteuse avec l'ail et 3-4 c. à soupe d'huile. Unissez les céphalopodes et faites-les rissoler brièvement. Salez, poivrez et mélangez doucement. Versez un demi-verre de vin et mettez le couvercle. Baissez le feu et laissez mijoter 10 à 12 minutes.
Il ne vous reste plus qu'à griller les tranches de pain et à bien les imbiber de sauce au raisin.
Après quoi, répartissez le chou sur les croûtes, puis des morceaux d'encornets et un peu de leur sauce, et servez: un vrai délice.

Croûtes Méditerranée

Mettez une poignée de raisins secs à tremper dans l'eau tiède 15 minutes à l'avance. Dénoyautez les olives. Nettoyez les mollusques (voir p. 4). Lavez les tomates, épépinez-les et émincez-les en dés. Faites revenir l'ail dans une sauteuse avec 4-5 c. à soupe d'huile. Unissez les tomates, laissez cuire 10 minutes sur feu doux puis ajoutez les encornets, une poignée de pignons, les olives concassées et les raisins essorés. Mettez le couvercle, réglez le feu sur minimum et laissez mijoter 12 à 15 minutes.
Faites griller les tranches de pain puis trempez-les dans la sauce. Rangez-les dans un plat, distribuez les encornets par-dessus après les avoir coupés en petits morceaux. Servez tiède: un hymne à la Méditerranée.

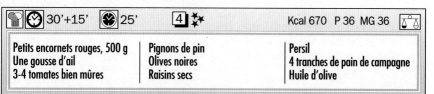

🍲⏱30'+15' ⏲25' 4 ✴✴   Kcal 670 P 36 MG 36 ⚖

Petits encornets rouges, 500 g	Pignons de pin	Persil
Une gousse d'ail	Olives noires	4 tranches de pain de campagne
3-4 tomates bien mûres	Raisins secs	Huile d'olive

Cannellonis Délicatesse

🍳⏱ 30'	❄ 1h+30'	4 ★★	Kcal 558 P 28 MG 28 ⚖

Cannellonis verts, 350 g Petits calamars, 450 g Filets de rougets, 200 g Un demi-poireau Une carotte	Les feuilles tendres d'une demi-laitue Bouillon de légumes, 1 l (voir p. 14) Laurier et persil	Cannelle en poudre Madère sec Farine Beurre, 80 g Huile d'olive

1 Lavez la laitue. Préparez le bouillon. Nettoyez les calamars (voir p. 4), pochez-les brièvement dans un peu de bouillon puis égouttez-les. À leur place, mettez la carotte grattée et blanchissez-la.

3 Faites une sauce blanche avec 50 g de beurre et autant de farine en ajoutant du bouillon petit à petit et en remuant sur feu très doux. Salez et poivrez. Unissez-y les carottes mixées. D'autre part, mixez le contenu de la sauteuse, la laitue et 3-4 cuillerées de sauce.

2 Nettoyez le poireau, hachez-le et faites-le fondre dans une sauteuse avec 4 c. à soupe d'huile. Ajoutez les calamars et les filets de poisson, faites-les rissoler. Versez un demi-verre de madère et faites évaporer vivement. Mouillez d'un peu de bouillon, baissez le feu et laissez mijoter 7 à 8 minutes.

4 Farcissez les cannellonis et rangez-les dans un plat à four. Mouillez-les avec un verre de bouillon et couvrez-les de sauce blanche. Enfournez une vingtaine de minutes à 200 °C.

50'+1h 45'+30' 4 Kcal 455 P 25 MG 15

Farine, 330 g
3 œufs
Calamars, 600 g
Une demi-carotte
Un demi-oignon

Une demi- branche de céleri
20 amandes
Bouillon de légumes
(voir p. 14)
Huile d'olive

Pour la sauce:
Une échalote
12 noix
2-3 tomates bien mûres
Vin blanc sec

Raviolis sauce aux noix

Préparez d'abord la pâte des raviolis: disposez la farine en fontaine sur une planche farinée et cassez-y les œufs. Ajoutez une pincée de sel et pétrissez la pâte. Une fois qu'elle est souple et homogène, roulez-la en boule et laissez-la reposer 1 heure au frais dans un linge. Décortiquez les noix et les amandes. Grillez ces dernières au four puis mondez-les et hachez-les.

1 Nettoyez les calamars (voir p. 4) et coupez-les en rondelles. Nettoyez les légumes, hachez-les menu et faites-les revenir à la poêle avec 4-5 c. à soupe d'huile. Unissez les calamars, du sel, du poivre et une louche de bouillon. Enfin, ajoutez les amandes hachées et laissez cuire 12 minutes.

2 Faites fondre l'échalote finement hachées dans une autre poêle avec 3-4 c. à soupe d'huile. Unissez les noix, les tomates épépinées et concassées, un demi-verre de vin, du sel et du poivre. Laissez évaporer puis versez une louche de bouillon. Faites cuire la sauce 18 minutes sur feu doux sans trop la faire épaissir.

3 Hachez grossièrement la première préparation (calamars et amandes). Reprenez la pâte, pétrissez-la brièvement puis étalez-la en une abaisse pas trop fine. Coupez-la en rectangles de 16 x 35 cm environ (comptez 3 raviolis par personne).

4 Déposez deux petits dômes de farce côte à côte sur les morceaux de pâte et repliez-les. Découpez les raviolis avec un emporte-pièce circulaire et scellez-les bien tout autour. Plongez-les dans une grande eau bouillante. Quand ils sont cuits, sortez-les avec une écumoire, mettez-les dans les assiettes et nappez-les de sauce aux noix.

Potage de mer à l'orange

🍳⏱30'   ❋20'+1h 30'   4 ★   Kcal 571 P 31 MG 18 ⚖

Mélange de mollusques (calamar, encornet rouget, poulpe, élédones), 600 g Filets de rougets, 200 g Une orange Un demi-poireau	2 feuilles de laurier Persil Cannelle en poudre Coriandre Un demi-citron Vin blanc sec	4 tranches de pain de campagne Bouillon de légumes (voir p. 14) Poivre noir en grains Huile d'olive

1 Préparez un litre et demi de bouillon en ajoutant poivre, coriandre, persil, laurier et cannelle. Réservez-le au chaud. Nettoyez les mollusques (v. p. 4 et 10) et cuisez-les séparément dans le bouillon additionné de jus de citron; dans l'ordre, des plus coriaces aux plus tendres.

2 Pochez les filets de rouget dans le bouillon. Pelez et pressez l'orange. Découpez-en l'écorce en fins bâtonnets et pochez-la elle aussi dans le bouillon.

3 Grillez le pain. Faites fondre le poireau émincé dans 3-4 c. à soupe d'huile, unissez l'écorce et le jus de l'orange, les mollusques découpés, du sel et du poivre. Mouillez avec un demi-verre de vin et faites évaporer.

4 Versez une louche de bouillon et laissez réduire. Filtrez le reste de bouillon et distribuez-le dans les assiettes. Mettez-y les tranches de pain et, par-dessus, les filets de poisson. Enfin, ajoutez les mollusques.

Spaghettis du pêcheur

Nettoyez les mollusques (v. p. 4, 10, 13) et pochez-les à l'eau légèrement salée. Égouttez-les et coupez-les en mor-

🍝 🕐 30'   ✴ 35+30'   4 ★★

Spaghettis, 300 g
Mélange de petits mollusques (calamars, seiches, encornets rouges et élédones), 500 g
Palourdes, 400 g
Moules, 400 g
Vernis, 400 g
2 jaunes d'œuf
2 gousses d'ail
Persil
Le jus d'un citron
Vin blanc sec
Huile d'olive

Kcal 607 P 31 MG 24   ⚖

ceaux (pas trop petits). Filtrez leur jus et réservez-le. Faites ouvrir les coquillages sur feu vif dans un peu d'huile et de vin et le jus de citron. Après quoi, décoquillez-les. Hachez finement l'ail et un brin de persil, faites-les revenir dans une grande poêle avec 4-5 c. à soupe d'huile. Unissez les mollusques, versez un demi-verre de vin et laissez évaporer. Baissez et faites cuire à feu doux en ajoutant une goutte de jus de cuisson des mollusques. Battez les œufs. Cuisez les spaghettis dans le reste de jus des mollusques allongé d'eau. Égouttez-les encore très fermes. Versez-les dans la poêle et faites-les sauter 2-3 minutes dans la sauce. Retirez les pâtes du feu, laissezles tiédir un peu puis incorporez-y les œufs. Mélangez et laissez reposer un instant avant de servir. Si vous voulez, ajoutez du parmesan aux œufs battus.

Rigatonis aux raisins

Mettez une poignée de raisins à tremper dans l'eau 30 min. à l'avance. Nettoyez les mollusques (v. p. 4 et 10), pochez-les séparément dans le bouillon de légumes, égouttez-les et coupez-les en morceaux (pas trop petits). Nettoyez le poireau, hachez-le menu et faites-le fondre dans une grande poêle sur feu doux avec 4-5 c. à soupe d'huile. Unissez les mollusques, du sel et le piment émietté. Versez un demi-verre de vin et faites évaporer sur feu vif. Après quoi, baissez le feu et ajoutez une poignée de pignons, les raisins essorés et une petite louche de bouillon. Laissez réduire sur petit feu. Entre-temps cuisez les pâtes, égouttez-les très fermes et mettez-les dans la poêle.

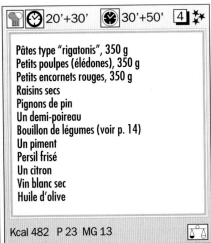

🍳⏱ 20'+30' ⏲ 30'+50' 4 ✿✿

Pâtes type "rigatonis", 350 g
Petits poulpes (élédones), 350 g
Petits encornets rouges, 350 g
Raisins secs
Pignons de pin
Un demi-poireau
Bouillon de légumes (voir p. 14)
Un piment
Persil frisé
Un citron
Vin blanc sec
Huile d'olive

Kcal 482 P 23 MG 13

Augmentez le feu et faites-les sauter 2-3 minutes dans la sauce. Servez aussitôt.

Tagliatelles en papillote ▸

Nettoyez le poivron et la courgette et taillez-les en lanières. Nettoyez les mollusques (voir p. 4 et 10) et pochez-les séparément à l'eau légèrement salée. Égouttez-les et coupez-les en morceaux (pas trop petits). Filtrez leur jus

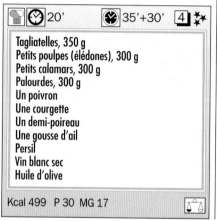

🕐 20'   🕐 35'+30'   4 ✵✵

Tagliatelles, 350 g
Petits poulpes (élédones), 300 g
Petits calamars, 300 g
Palourdes, 300 g
Un poivron
Une courgette
Un demi-poireau
Une gousse d'ail
Persil
Vin blanc sec
Huile d'olive

Kcal 499   P 30   MG 17

de cuisson et réservez-le. Faites ouvrir les palourdes dans une goutte d'eau et de vin avec l'ail puis décoquillez-les.
Nettoyez le poireau, hachez-le menu et faites-le fondre dans une grande poêle avec 4-5 c. à soupe d'huile. Unissez les mollusques, salez et poivrez. Versez un demi-verre de vin et laissez évaporer. Baissez le feu, mouillez avec une c. à soupe de jus de cuisson des mollusques et faites cuire 7 à 8 minutes sur feux doux.
Cuisez les pâtes dans le reste de jus des mollusques allongé d'eau. Égouttez-les très fermes et mettez-les dans la poêle hors du feu.
Mélangez et ajoutez les palourdes, le poivron et la courgette. Mélangez à nouveau et versez le tout sur une grande feuille d'aluminium. Arrosez d'un filet d'huile et fermez la papillote. Enfournez 10 minutes à 200 °C.
Ouvrez la papillote à table.

Soupe gratinée

Nettoyez les mollusques (voir p. 4 et 13) et pochez-les séparément dans un peu de bouillon. Égouttez-les et émincez-les.
Pelez les échalotes, hachez-les menu et faites-les fondre dans une grande poêle avec 4-5 c. à soupe d'huile. Unissez les mollusques, salez et poivrez. Mouillez avec un demi-verre de vin et laissez évaporer. Baissez, versez une petite louche de bouillon, ajoutez un pointe de safran et faites cuire 6 à 7 minutes sur feu doux.
Grillez les tranches de pain. Mettez-les au fond de bols en terre à feu, couvrez-les de mollusques et ajoutez une demi-feuille de laurier. Distribuez le bouillon dans les bols et saupoudrez de chapelure. Glissez les bols 10 minutes au four (200 °C), sortez-les. Laissez refroi-

dir la soupe et, juste avant de servir, poudrez-la de parmesan.

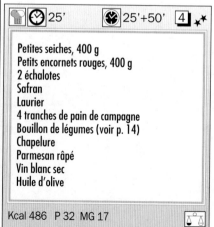

🕐 25'   🕐 25'+50'   4 ✵

Petites seiches, 400 g
Petits encornets rouges, 400 g
2 échalotes
Safran
Laurier
4 tranches de pain de campagne
Bouillon de légumes (voir p. 14)
Chapelure
Parmesan râpé
Vin blanc sec
Huile d'olive

Kcal 486   P 32   MG 17

Tagliatelles emballées

| 🍳⏱40'+1h | ✳45' | 4 ✦✶ | | Kcal 837 P 29 MG 28 | ⚖ |

Tagliatelles, 300 g	Une carotte	*Pour la pâte:*
Petits poulpes (élédones), 300 g	3-4 petites pommes de terre	Farine, 250 g
Palourdes, 500 g	Beurre, 80 g	2 œufs
Petits pois écossés, 120 g		Huile d'olive

1 Travaillez les œufs et la farine avec du sel et un peu d'huile. Roulez la pâte en boule et laissez-la reposer 1 heure dans un linge. Blanchissez les petits pois, les pommes de terre et les carottes 5-6 minutes puis égouttez-les, coupez celles-ci en dés. Abaissez la pâte, pochez-la et faites-la sécher à plat.

3 Mettez 30 g de beurre à fondre dans une grande poêle et faites-y revenir brièvement, sur feu doux, les pâtes, les légumes en dés et les petits pois, en remuant délicatement. Salez et poivrez.

2 Mettez poulpes et palourdes dans un panier au-dessus d'une casserole contenant 3 doigts d'eau. Cuisez 15 minutes. Sortez les palourdes dès qu'elles s'ouvrent et décoquillez-les. Cuisez les tagliatelles 4 minutes et égouttez-les.

4 Foncez avec la pâte un plat à four graissé. Versez dedans les tagliatelles et leurs légumes, ajoutez les poulpes découpés et les palourdes. Salez et poivrez une dernière fois. Mélangez le tout puis ramenez les bords de la pâte vers le milieu.
Glissez le plat 10 min. au four (180 °C). Servez aussitôt.

Pâtes Saint-Vincent ▶

🍲⏱ 25'	❋ 1h 30'	4 ⋆⋆	Kcal 491 P 23 MG 12 ⚖
Pâtes type "penne", 350 g Un poulpe de 500 g 4 tomates bien mûres	Une gousse d'ail Laurier et persil Piment	Vin blanc sec Poivre en grains Huile d'olive	

Nettoyez bien le poulpe comme indiqué page 10. Mettez-le dans une casserole d'eau froide additionnée d'un demi-verre de vin avec une feuille de laurier et 5 grains de poivre. Couvrez le récipient. À ébullition, baissez le feu et laissez frémir 1 petite heure. Laissez le poulpe refroidir complètement dans son jus avant de l'égout-

ter. Découpez-le en petits morceaux. Lavez bien les tomates, épépinez-les et coupez-les en dés. Ha-

chez l'ail et faites-le revenir avec le piment émietté

dans une grande poêle avec 4-5 c. à soupe d'huile. Unissez le poulpe et une goutte de vin. Faites rissoler 2-3 minutes en remuant. Ajoutez les tomates et une pincée de sel. Baissez et laissez réduire 12 minutes sur feu doux. Faites cuire les pâtes "al dente" puis égouttez-les. Mélangez-les à la sauce et parsemez-les de persil haché. Servez aussitôt.

Pâtes Sainte-Lucie

Voici une autre recette de pâtes mais, sans piment et sans tomate et avec un autre format, excellentes servies tièdes.

🍲⏱ 15'	❋ 1h 25'	4 ⋆⋆
Pâtes format "mezzani" ou "fusilli", 350 g Un petit poulpe, 500 g Laurier Persil Une gousse d'ail Vin blanc sec Huile d'olive		

Kcal 454 P 19 MG 12 ⚖

Nettoyez et lavez le poulpe comme il se doit (voir p. 10). Mettez-le à cuire dans une casserole d'eau froide avec 2 feuilles de laurier.
Couvrez et, une fois que l'eau bout, baissez le feu. Au bout d'une heure, le poulpe devrait être cuit. Faites-le refroidir dans son jus puis égouttez-le et découpez-le en petits morceaux.
Mettez un hachis d'ail et de persil à revenir dans une grande poêle avec 3-4 c. à soupe d'huile. Unissez le poulpe, une pincée de sel et de poivre et un demi-verre de vin.

Laissez réduire sur feu doux. Entre-temps faites cuire les pâtes "al dente", égouttez-les et faites-les sauter 2 minutes dans la

poêle avec la sauce.
Servez tiède dans des assiettes décorées de pluches de persil.

Risotto aux seiches

Lavez, épépinez et concassez les tomates. Nettoyez les seiches (voir p. 13), pochez-les 30 minutes dans un peu de bouillon de légumes puis égouttez-

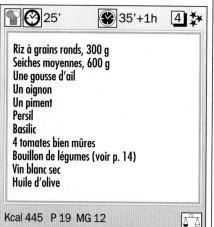

🍲🕐25'   ❁35'+1h   4 ✿✿

Riz à grains ronds, 300 g
Seiches moyennes, 600 g
Une gousse d'ail
Un oignon
Un piment
Persil
Basilic
4 tomates bien mûres
Bouillon de légumes (voir p. 14)
Vin blanc sec
Huile d'olive

Kcal 445   P 19   MG 12

les. Découpez les corps en lanières et tranchez grossièrement les tentacules. Pelez l'oignon, hachez-le menu et faites-le revenir avec l'ail et le piment dans une sauteuse avec 5-6 c. à soupe d'huile. Ajoutez le riz et "dorez-le" sur feu assez vif, jusqu'à ce qu'il devienne translucide. Versez un demi-verre de vin et laissez évaporer.
Unissez les seiches et les tomates. Salez et baissez le feu. Humectez avec une louche de bouillon chaud et remuez.
Au fur et à mesure que le riz absorbe le bouillon rajoutez-en un peu, en remuant toujours, jusqu'à ce qu'il soit cuit "al dente". Juste avant d'éteindre, ajoutez quelques petites feuilles de basilic et des pluches de persil. Servez chaud.

Risotto à l'encre

Nettoyez les seiches comme indiqué page 13 (en conservant 2-3 poches à encre). Cuisez-les 30 minutes dans un peu de bouillon puis égouttez-les. Détaillez les corps en lanières et coupez les tentacules en morceaux. Pelez l'oignon et hachez-le finement. Faites-le revenir avec l'ail et le piment dans une sauteuse avec 5-6 c. à soupe d'huile. Versez le riz et faites-le rissoler jusqu'à ce qu'il devienne translucide. Humectez avec un demi-verre de vin et laissez évaporer. Après quoi, ajoutez les seiches et les poches à encre et salez. Baissez le feu et mouillez avec une louche de bouillon chaud. Laissez le riz l'absorber en remuant et faites cuire en rajoutant du bouillon au fur et à mesure. Au bout d'une trentaine de minutes, votre riz sera cuit "al dente". Juste avant de le retirer du feu, ajoutez quelques pluches de persil. Servez chaud.

Vous pouvez aussi garnir ce risotto de moules. Ébarbez 500 g de moules, lavez-les et cuisez-les à la vapeur. Décoquillez-les et assaisonnez-les avec l'huile, du jus de citron, sel et poivre.

🍲🕐25'   ❁35'+1h   4 ✿✿

Riz à grains ronds, 300 g
Seiches, 700 g
Une gousse d'ail
Un oignon
Un piment
Persil
Bouillon de légumes (voir p. 14)
Vin blanc sec
Huile d'olive

Kcal 463   P 23   MG 12

Tagliatelles Déméter

Égrenez la grenade. Nettoyez les seiches (voir p. 13) puis pochez-les 15 minutes dans un peu d'eau salée. Égouttez-les et séparez les tentacules des corps. Filtrez leur jus de cuisson et mettez-le en attente.
Pelez l'ail et l'échalote et hachez-les finement. Faites-les revenir dans une sauteuse avec 4-5 c. à soupe d'huile. Unissez les seiches, mouillez avec un demi-verre de vin et faites évaporer sur feu vif. Salez et poivrez. Versez une demi-louche de jus de cuisson des mollusques et baissez le feu. Mettez le couvercle et laissez réduire une dizaine de minutes.
Cuisez les pâtes dans le jus de cuisson des seiches allongé d'eau.
Égouttez-les encore très fermes et faites-les sauter 2 minutes dans la sau-

🍳⏱ 20'   ✳ 25'+15'   4 ★

Tagliatelles, 350 g
Petites seiches, 600 g
Une grenade
Une gousse d'ail
Une échalote
Persil
Vin blanc sec
Huile d'olive

Kcal 458   P 21   MG 12

ce sur feu vif en remuant délicatement. Parsemez de grains de grenade et de pluches de persil avant de servir: un plat léger et parfumé.

Tagliatelles aux calamars

Lavez et nettoyez soigneusement les champignons sous l'eau froide puis épongez-les et émincez-les.
Nettoyez les calamars comme indiqué page 4 puis pochez-les 5-6 minutes à

🍳⏱ 20'   ✳ 28'+5'   4 ★★

Tagliatelles, 350 g
Petits calamars, 400 g
Champignons de Paris frais, 150 g
Un citron
Persil
Vin blanc sec
Huile d'olive

Kcal 445   P 21   MG 12

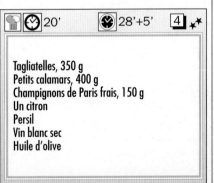

l'eau légèrement salée. Égouttez-les et coupez-les grossièrement. Filtrez leur jus de cuisson et conservez-le.
Hachez l'ail et mettez-le à revenir dans une grande poêle avec 4 c. à soupe d'huile. Unissez les calamars et les champignons, versez un demi-verre de vin et faites évaporer.
Salez et mouillez avec une demi-louche de jus de cuisson des calamars. Baissez le feu, couvrez le récipient et laissez cuire 15 minutes. Retirez le couvercle et poursuivez la cuisson 3 minutes sur feu doux. Cuisez les pâtes dans le reste de jus des calamars allongé d'eau et égouttez-les quand elles sont encore bien fermes. Versez-les dans la poêle et faites-les revenir une minute ou deux dans la sauce. Persillez avant de servir.

Calamars en rouge

Lavez les tomates, ouvrez-les, épépi-nez-les et découpez-les en dés.

Nettoyez les calamars comme indiqué page 4 (s'ils sont trop gros, pochez-les) puis découpez-les en lanières.

Pelez l'oignon et l'ail et hachez-les finement avec un brin de persil.

Faites revenir ce hachis dans une sauteuse avec 4-5 c. à soupe d'huile et le piment émietté.

Unissez les calamars et une pincée de sel, faites-les rissoler 5-6 minutes sur feu moyen.

Mouillez d'un demi-verre de vin et faites évaporer. Ajoutez les tomates, baissez et couvrez le récipient. Faites cuire 20 minutes sur feu doux, après quoi retirez le couvercle et laissez réduire 5 minutes.

Servez les calamars chauds avec des pommes de terre à l'eau parsemées d'un hachis d'ail et de persil.

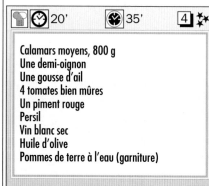

🍳🕐 20'	✳ 35'	4 ✲✲

Calamars moyens, 800 g
Une demi-oignon
Une gousse d'ail
4 tomates bien mûres
Un piment rouge
Persil
Vin blanc sec
Huile d'olive
Pommes de terre à l'eau (garniture)

Kcal 257   P 18   MG 12

Calamars en vert

Lavez, épépinez et concassez les to-mates. Lavez et équeutez les épi-nards puis pochez-les dans une grande eau légèrement salée: à couvert pour qu'ils restent bien verts. Égouttez-les, es-sorez-les et tranchez-les grossièrement.
Nettoyez soigneusement les calamars (voir p. 4) et s'ils sont gros pochez-les. Découpez-les en lanières.
Pelez l'ail et l'oignon et hachez-les fi-nement. Mettez-les à revenir dans une grande poêle avec 4-5 c. à soupe d'huile et le piment émietté.
Unissez les mollusques et une pincée de sel et faites rissoler sur feu moyen pendant une bonne dizaine de minutes. Baissez le feu et ajoutez les tomates. Ramenez à ébullition et unissez les épi-nards. Salez une dernière fois et laissez cuire une vingtaine de minutes à tout petit feu. Servez chaud, mais pas trop.

25'   50'   4 ✦✦

Calamars moyens, 800 g
Épinards, 1 kg
Un oignon nouveau
2 gousses d'ail
4-5 tomates bien mûres
Un piment rouge
Huile d'olive

Kcal 287   P 22   MG 12

Compte tenu de la présence des épi-nards, ce plat est complet et n'a pas besoin d'une garniture.

Calamars aux artichauts ▶

Après avoir nettoyé les calamars comme indiqué page 4, découpez-les en petits morceaux. Parez les artichauts puis coupez-les en huit.

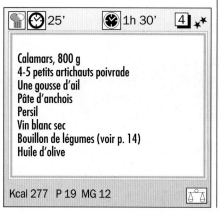

🍴🕐 25'   🕐 1h 30'   4 ✴

Calamars, 800 g
4-5 petits artichauts poivrade
Une gousse d'ail
Pâte d'anchois
Persil
Vin blanc sec
Bouillon de légumes (voir p. 14)
Huile d'olive

Kcal 277 P 19 MG 12   ⚖

Faites revenir l'ail dans une sauteuse avec 5 c. à soupe d'huile et retirez-le dès qu'il commence à se colorer. Unissez les calamars, une toute petite pincée de sel, une demi-c. à soupe de pâte d'anchois et un demi-verre de vin. Faites évaporer sur feu vif puis baissez et unissez les artichauts. Versez une louche de bouillon de légumes, couvrez le récipient et laissez frémir 1 petite heure en rajoutant du bouillon si nécessaire. Dix minutes avant la fin de la cuisson, ôtez le couvercle. Éteignez, poudrez de persil haché et servez (pas trop chaud).

Ce plat n'a pas besoin d'une garniture. Nous vous conseillons de le servir avec du pain grillé (deux tranches par personne), frotté à la tomate et arrosé d'un filet de bonne huile d'olive.

Calamars à la printanière

Mettez la mie à tremper une demi-heure à l'avance. Nettoyez les calamars comme indiqué page 4. Laissez les corps entiers et coupez grossièrement les tentacules. Écossez les petits pois et blanchissez-les à l'eau légèrement salée avec une gousse d'ail et du persil; après quoi, égouttez-les. Découpez le jambon en petits dés. Pelez l'oignon et l'ail et hachez-le avec un brin de persil. Mettez ce hachis à revenir dans une grande poêle avec 4-5 c. à soupe d'huile. Unissez les tentacules, les dés de jambon, sel et poivre. Versez un demi-verre de vin et faites évaporer. Baissez le feu, versez une louche de bouillon et laissez mijoter 15 minutes. Après quoi, mixez ce mélange et la mie essorée et ajoutez-y les petits pois. Farcissez les calamars et cousez-les. Rangez-les dans un plat à four graissé et arrosez-le avec 2 louches de bouillon et une goutte de vin. Salez et poivrez. Enfournez un bon quart d'heure à 200 °C.

Ce plat est délicieux, même en hiver. Servez-le avec des petits pois que vous aurez cuits dans un peu de bouillon avec un oignon frit et des lardons.

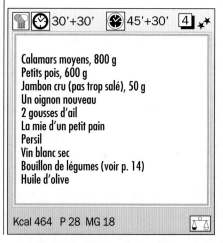

🍴🕐 30'+30'   🕐 45'+30'   4 ✴

Calamars moyens, 800 g
Petits pois, 600 g
Jambon cru (pas trop salé), 50 g
Un oignon nouveau
2 gousses d'ail
La mie d'un petit pain
Persil
Vin blanc sec
Bouillon de légumes (voir p. 14)
Huile d'olive

Kcal 464 P 28 MG 18   ⚖

Calamars Bel-Air

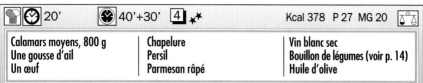

🍳⏱ 20'   ⚙ 40'+30'   4 ⭐⭐   Kcal 378 P 27 MG 20 ⚖

Calamars moyens, 800 g	Chapelure	Vin blanc sec
Une gousse d'ail	Persil	Bouillon de légumes (voir p. 14)
Un œuf	Parmesan râpé	Huile d'olive

Commencez par bien nettoyer les calamars comme indiqué page 4. Séparez les corps des tentacules et coupez ces derniers grossièrement. Hachez finement l'ail et un brin de persil puis faites-les revenir dans une sauteuse avec 4-5 c. à soupe d'huile. Unissez les tentacules, une poignée de chapelure, du sel et du poivre. Humectez avec un demi-verre de vin et faites évaporer sur feu vif. Baissez, mouillez d'une demi-louche de bouillon et laissez cuire 7 à 8 minutes à tout petit feu. Versez le contenu de la sauteuse dans un saladier, incorporez l'œuf battu et une petite poignée de parmesan et mélangez bien. Farcissez les calamars et cousez-les (ou bien, fermez-les avec des pics en bois). Rangez-les dans un plat à four huilé contenant une goutte de vin. Salez et poivrez. Enfournez à 200 °C et laissez cuire une demi-heure, le temps que les mollusques brunissent, en les mouillant avec du bouillon au besoin.

Servez avec des feuilles de salade frisée et des rondelles de citron.

Calamars aux olives

Une fois que les calamars sont propres (voir p. 4), séparez les corps des tentacules et découpez ces derniers en petits morceaux. Lavez les anchois sous l'eau courante et séparez les filets. Dénoyautez les olives puis hachez-les en même temps que les anchois et une cuillerée de câpres égouttées. Faites revenir ce hachis dans une poêle avec 4 c. à soupe d'huile, une gousse d'ail et un brin de persil hachés. Unissez les tentacules, une poignée de chapelure et une pincée de sel et de poivre. Baissez le feu, versez une

🍳⏱ 25'   ⚙ 35'+30'   4 ⭐⭐

Calamars moyens, 800 g
24 olives noires et vertes
2 anchois salés
2 gousses d'ail
Câpres au vinaigre
Un piment rouge
Chapelure
Un brin de persil
Parmesan râpé
Vin blanc sec
Bouillon de légumes (voir p. 14)
Huile d'olive

Kcal 419 P 23 MG 27 ⚖

demi-louche de bouillon et faites réduire 10 minutes à petit feu. Farcissez les calamars avec ce mélange et cousez-les (ou fermez-les avec des pics en bois). Faites revenir le reste d'ail et le piment émietté dans une sauteuse avec 4-5 c. à soupe d'huile. Dès que l'ail commence à se colorer, retirez-le et mettez les calamars farcis dans la sauteuse. Faites-les rissoler sur feu vif, humectez-les avec un demi-verre de vin et faites évaporer. Salez et versez une louche de bouillon. Couvrez et laissez cuire 20 minutes sur feu moyen.

Fritto misto ▶

🍳⏱ 25'+15'   ⏲ 35'   [4] �֍

Mélange de petits mollusques
(calamars, seiches, encornets rouges
et élédones), 800 g
2 courgettes
2 branches de céleri
2 petits oignons
2 pommes de terre
2 œufs
Farine, 160 g
Huile de friture

Kcal 784   P 29   MG 57   ⚖

A près avoir nettoyé tous les mollusques (voir p. 4 et 13), coupez-les en morceaux (pas trop petits).

Nettoyez les légumes et détaillez-les, autant que possible, en lanières de la même longueur. Battez les œufs dans un grand saladier. Dans un autre saladier, faites une pâte à beignets assez liquide avec 100 g de farine, de l'eau et une pincée de sel. Versez le reste de farine dans une assiette creuse. Mettez les légumes (sauf les pommes de terre) dans l'œuf battu et laissez-les tremper 15 minutes; après quoi, passez-les dans la farine. Plongez les mollusques dans la pâte à beignets. Chauffez l'huile de friture dans une grande poêle (en fer si possible) et faites frire les légumes, sur feu vif, en commençant par les pommes de terre. Ensuite, faites frire les mollusques. Déposez-les sur du papier absorbant et salez-les avec modération. Servez ces petits beignets avec une salade et des tranches de citron.

Petits poulpes au poivron

A près avoir bien nettoyé les poulpes (choisissez-les petits mais pas trop), pochez-les un quart d'heure dans du bouillon salé et poivré avec une petite feuille de laurier. Égouttez-les et découpez-les en petits morceaux. Faites revenir l'ail dans une sauteuse avec 5 c. à soupe d'huile et retirez-le dès qu'il se colore. Mettez alors les poivrons nettoyée et coupés en rondelles, et faites-les fondre sur petit feu. Ajoutez les mollusques, salez et poivrez. Mouillez avec un demi-verre de vin. Laissez cuire sur feu doux en ajoutant du bouillon si nécessaire.

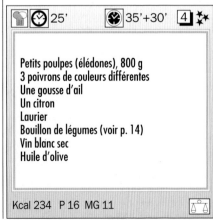

Si vous voulez en faire un plat unique complet, servez les poulpes sur un lit de riz cuit à la vapeur.

🍳⏱ 25'   ⏲ 35'+30'   [4] ✖

Petits poulpes (élédones), 800 g
3 poivrons de couleurs différentes
Une gousse d'ail
Un citron
Laurier
Bouillon de légumes (voir p. 14)
Vin blanc sec
Huile d'olive

Kcal 234   P 16   MG 11   ⚖

Petits poulpes aux olives

Dénoyautez les olives. Nettoyez les mollusques puis pochez-les 15 min. dans du bouillon et additionné de vinaigre (une demi-louche). Égouttez-les, épongez-les et découpez-les en petits morceaux.

🧑‍🍳 ⏱ 25'	✴ 35'+30'	4 ✣

Petits poulpes (élédones), 800 g
24 olives vertes
Une gousse d'ail
Un oignon nouveau
2 piments rouges
Laurier et thym
Bouillon de légumes (voir p. 14)
Vinaigre de vin blanc
Huile d'olive

Kcal 228   P 16   MG 16

Hachez l'oignon et l'ail puis faites-les revenir dans une sauteuse avec 5 c. à soupe d'huile, une feuille de laurier, une branchette de thym et les piments. Une fois que l'ail s'est coloré, unissez les poulpes et faites cuire sur feu doux. Ajoutez les olives. Salez, poivrez et remuez. Terminez la cuisson sur feu doux en ajoutant un peu de bouillon si nécessaire. Servez ces petits poulpes tièdes avec leur sauce.

Ainsi préparés, ces petits poulpes peuvent se mettre en conserve. Une fois que vous avez ajouté les olives, comptez 5 minutes de cuisson. Faites bouillir un litre de vinaigre avec du laurier et du thym. Répartissez les mollusques dans des petits bocaux et couvrez-les de vinaigre chaud. Bouchez les bocaux et mettez-les à l'abri de la lumière, au frais (ou au réfrigérateur). Ils se conservent ainsi jusqu'à 5 semaines.

Poulpe Côte d'Azur

Lavez, épépinez et concassez les tomates. Nettoyez le poulpe comme indiqué page 10 puis mettez-le dans une marmite d'eau froide avec une pincée de sel. Couvrez le récipient et, à ébullition, baissez. Faites cuire à petit feu 1 heure et demie (une demi-heure à l'autocuiseur). Laissez le poulpe refroidir dans son jus puis égouttez-le, épongez-le et coupez-le en morceaux. Pelez l'oignon et l'ail puis hachez-les finement. Faites-les revenir dans une sauteuse avec 5-6 c. à soupe d'huile et les piments. Unissez le poulpe, salez et mélangez. Versez un demi-verre de vin et faites évaporer. Baissez le feu, unissez les tomates et le bouquet garni, couvrez le récipient. Laissez cuire 30 minutes sur feu doux en mouillant avec un peu d'eau chaude (ou de bouillon), si nécessaire. Cinq minutes avant la fin de la cuisson, retirez le couvercle et faites réduire la sauce.

Éteignez le feu et retirez le bouquet garni. Servez bien chaud.

Et comme garniture? De la purée.

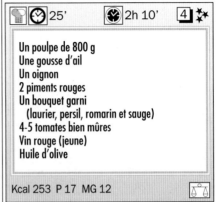

🍽️ ⏲️ 25'   ❋ 2h 10'   4 ✲✲

Un poulpe de 800 g
Une gousse d'ail
Un oignon
2 piments rouges
Un bouquet garni
   (laurier, persil, romarin et sauge)
4-5 tomates bien mûres
Vin rouge (jeune)
Huile d'olive

Kcal 253 P 17 MG 12

Poulpes en salade

🍳 ⏱ 25'+2h   ❋ 1h 10'   4 ⭐

4 poulpes assez petits, 8-900 g
3 branches de céleri
3 petits poivrons de couleurs différentes
2 citrons
Persil
Huile d'olive

Kcal 240   P 19   MG 17

Nettoyez les poivrons et détaillez-les en lanières. Lavez le céleri et coupez-le en rondelles. Après avoir nettoyé les poulpes (voir p. 10), plongez-les, entiers, dans une marmite d'eau froide légèrement salée. Couvrez, portez à ébullition puis baissez le feu. Faites-les cuire à petits bouillons une heure environ (une vingtaine de minutes à l'autocuiseur). Laissez-les refroidir dans leur jus puis égouttez-les et mettez-les dans un saladier.

Unissez les légumes et assaisonnez avec de l'huile, du jus de citron et une pincée de sel. Glissez le saladier 2 heures au réfrigérateur avant de servir.

Présentez cette salade persillée et garnie de rondelles de citron: un plat unique très appétissant, à servir l'été.

Poulpe à l'étuvée

Pour faire cette recette, utilisez un autocuiseur (voir p. 10) ou bien, à l'ancienne, une marmite munie d'un couvercle lourd et parfaitement hermétique: éventuellement, "luttez-la" avec du papier sulfurisé.

Nettoyez les poulpes comme indiqué page 10, lavez-les et mettez-les, entiers, dans l'autocuiseur avec l'ail, un brin de persil, du sel, le piment et 7-8 c. à soupe d'huile. N'ajoutez pas d'eau mais, à la rigueur, un demi-verre de vin blanc.
Mettez le couvercle, fermez-le et posez le récipient sur feu doux. Attendez que la vapeur commence à s'échapper et réglez le feu sur minimum.
Laissez cuire 20 minutes (avec la méthode traditionnelle, comptez 1 bonne heure). Éteignez, faites sortir toute la vapeur et laissez refroidir les poulpes.
Servez-les froids – ou mieux, tièdes – avec des tranches de pain grillé imbibé de sauce.

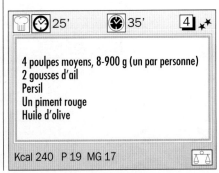

🍳 ⏲ 25'	✹ 35'	4 ⭐

4 poulpes moyens, 8-900 g (un par personne)
2 gousses d'ail
Persil
Un piment rouge
Huile d'olive

Kcal 240   P 19   MG 17

Poulpe à la tunisienne

Lavez et épépinez les tomates puis concassez-les. Nettoyez le poulpe comme indiqué page 10 et plongez-le dans une casserole d'eau froide légèrement salée. Mettez le couvercle et, à ébullition, baissez le feu sur minimum. Faites cuire 1 heure et demie (30 minutes à l'autocuiseur). Laissez le poulpe refroidir dans son jus puis égouttez-le, épongez-le et découpez-le en morceaux. Pendant que le poulpe cuit, pelez l'oignon et l'ail puis hachez-les finement avec le céleri bien nettoyé. Faites revenir ce hachis dans une sauteuse avec 5 c. à soupe d'huile et les piments. Unissez les tomates, une pincée de sel et une pointe de safran. Mélangez, laissez revenir quelques minutes puis unissez le poulpe. Faites cuire encore 10 min. Éteignez et ajoutez quelques feuilles de basilic et du persil.

Nous vous proposons une petite variante: ajoutez un demi-verre de vin au moment où vous mettez le poulpe dans la sauce. Certes, l'ajout d'alcool n'est pas prévu dans la recette traditionnelle car contraire aux lois coraniques, mais le plat y gagne vraiment.

 20'+20' 1h 45' 4 ✿✿   Kcal 259   P 19   MG 17

Un poulpe de 800 g	Une gousse d'ail	Basilic et persil
Une branche de céleri	4-5 tomates bien mûres	Safran en poudre
Un oignon	2 piments rouges	Huile d'olive

Poulpes aux olives

Commencez par nettoyer les poulpes (voir p. 10) puis plongez-les, entiers, dans une marmite d'eau froide légèrement salée. Mettez le couvercle et, quand l'eau commence à bouillir, baissez le feu. Faites-les cuire 1 heure (20 minutes à l'autocuiseur) à petits frémissements. Laissez-les refroidir dans leur eau de cuisson puis égouttez-les.

Mettez-les ensuite à mariner dans un saladier avec 7-8 c. à soupe d'huile, un demi-verre de vin, l'ail et le persil hachés, les piments émiettés et une pincée de sel. Laissez-les macérer une demi-heure.

20' +30' | 1h 20' | 4 ⚡

Poulpes moyens, 800 g
Olives noires à l'ail, 350 g
2 gousses d'ail
2 piments rouges
Persil
Bouillon de légumes
 (voir p.14)
Vin blanc sec
Huile d'olive

Kcal 301 P 19 MG 18

Après quoi, versez le contenu du saladier dans une sauteuse, mélangez et réglez le feu sur minimum. Mouillez d'une

louche de bouillon. Au bout de 4-5 minutes, unissez les olives et laissez réduire à petit feu. Servez les poulpes chauds, persillés et entourés d'une couronne d'olives.

Poulpes sur canapés

Tout d'abord, nettoyez les légumes. Lavez, épépinez et concassez les tomates. Pelez les oignons et hachez-les. Coupez les carottes et le céleri en petits dés. Nettoyez les poulpes comme indiqué page 10 (séparez les tentacules des corps) et mettez-les dans une sauteuse avec un verre de vin, une c. à soupe de vinaigre, l'ail, du sel, du poivre et un filet d'huile. Couvrez le récipient et, à ébullition, baissez le feu sur minimum. Faites-les cuire une heure à petits bouillons. Contrôler qu'ils sont cuits avec une fourchette; si oui, éteignez et laissez-les refroidir. Entre-temps faites griller le pain.

Servez les poulpes nappés de leur sauce sur des tranches de pain grillé imbibées de sauce.

25'+20' 1h 10' 4

Poulpes moyens, 800 g
2 carottes
2 oignons
2 branches de céleri
Une gousse d'ail
Tomates bien mûres, 500 g
Vinaigre
4 tranches de pain de campagne
Vin blanc sec
Huile d'olive

Kcal 428 P 24 MG 12

Seiches Avoriaz

Préparez le bouillon en y ajoutant 2 feuilles de laurier, une pointe de cannelle et 3-4 grains de poivre. Nettoyez les seiches (voir p. 13) et hachez finement leurs tentacules. Écroûtez les fromages et détaillez-les en dés. Coupez le jambon en lanières. Mélangez tentacules, fromages et jambon. Salez et poivrez cette farce. Farcissez les seiches et cousez-les. Après quoi, rangez-les dans un plat à four graissé et arrosez-les d'un demi-verre de vin et d'une louche de bouillon. Enfournez à 180 °C et faites cuire 35 minutes en rajoutant du bouillon au fur et à mesure qu'il s'évapore. À la fin, arrosez les seiches de vin et retournez-les. Entretemps, faites griller le pain. Coupez les seiches en rondelles, dressez-les sur le pain grillé imbibé de sauce. Servez avec une sauce aurore préparée avec un verre de crème fraîche, une demi-louche de coulis de tomate, du sel et du poivre.

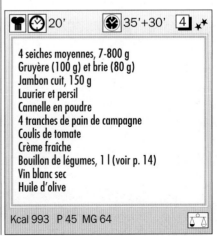

🍴⏱ 20'   ❀ 35'+30'   4 ⭐★

4 seiches moyennes, 7-800 g
Gruyère (100 g) et brie (80 g)
Jambon cuit, 150 g
Laurier et persil
Cannelle en poudre
4 tranches de pain de campagne
Coulis de tomate
Crème fraîche
Bouillon de légumes, 1 l (voir p. 14)
Vin blanc sec
Huile d'olive

Kcal 993   P 45   MG 64

Seiches aux pois chiches

🍴⏱ 30'+3h	🕐 55'+1h 30'	4 ✦✦	Kcal 494 P 40 MG 22 ⚖

4 seiches moyennes, 7-800 g	Un œuf	Parmesan râpé
Filets de cabillaud, 200 g	Romarin	Bouillon de légumes, 1 l env.
Pois chiches, 250 g	Persil frisé	(voir p. 14)
2 échalotes	Menthe et ciboulette	Huile d'olive
2 pommes de terre	La mie d'un petit pain	

Mettez les pois chiches à tremper à l'avance (3 h) et cuisez-les à l'eau légèrement salée, à petit feu et à couvert (1 h env.). Faites tremper 30 min. la mie dans un peu de bouillon. Nettoyez les seiches (voir p. 13) et hachez finement leurs tentacules.

1 Tapissez un plat à four de rondelles de pommes de terre. Arrosez-les d'huile et déposez le poisson par-dessus. Salez, poivrez et parsemez de fines herbes. Enfournez 20 minutes à 180 °C.

3 Farcissez les seiches, rangez-les dans un plat à four huilé et arrosez-les de 2 louches de bouillon. Cuisez-les 25 min. au four (200 °C) en rajoutant du bouillon au fur et à mesure qu'il s'évapore.

2 Mixez ensemble le poisson, les pommes de terre, la mie essorée et les tentacules. Ensuite incorporez-y l'œuf, une poignée de parmesan, sel et poivre.

4 Moulinez les pois chiches. Faites revenir les échalotes hachées dans 3-4 c. à soupe d'huile puis ajoutez la purée, du romarin, sel et poivre. Servez tiède.

Seiches à la vénitienne

Commencez par nettoyer les seiches comme indiqué page 13 en réservant 2 poches à encre. Détaillez les corps en lanières et hachez grossièrement les tentacules.

Faites revenir l'ail dans une sauteuse avec 4-5 c. à soupe d'huile et retirez-le dès qu'il se colore. Mettez les seiches dans la sauteuse, salez et poivrez. Faites-les cuire 20 minutes à tout petit feu et à sec.

Une fois qu'elles ont rendu tout leur jus, mouillez les seiches d'un demi-verre de vin et ajoutez les poches à encre. Laissez réduire sur feu doux en remuant.

Servez les seiches chaudes avec des quenelles de polenta (voir recette ci-dessous).

Pour faire la polenta, il faut beaucoup d'huile... de coude. Mettez sur le feu un litre et demi d'eau légèrement salée. Dès qu'elle commence à bouillir, versez-y la farine de maïs en pluie et remuez énergiquement.

Faites cuire sur feu moyen pendant une quarantaine de minutes, sans cesser de tourner.

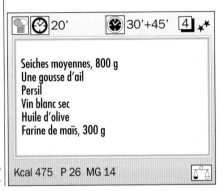

20'   30'+45'   4

Seiches moyennes, 800 g
Une gousse d'ail
Persil
Vin blanc sec
Huile d'olive
Farine de maïs, 300 g

Kcal 475 P 26 MG 14

Seiches à la jardinière

25'   1h 10'   4

Petites seiches, 800 g
4 pommes de terre
Petits pois frais, 400 g
Une gousse d'ail
Un oignon
Une branche de céleri
Basilic
Persil
Vin blanc sec
Huile d'olive

Kcal 406 P 28 MG 13

l'oignon et l'ail, hachez menu le céleri, un brin de basilic et de persil. Mettez ce hachis à revenir dans une sauteuse avec 4-5 c. à soupe d'huile. Unissez les seiches, salez, poivrez et faites rissoler quelques instants. Versez un demi-verre de vin et faites évaporer. Ajoutez petits pois et pommes de terre, couvrez et réglez le feu sur minimum. Cuisez 1 petite heure en remuant de temps à autre. Servez chaud.

Écossez les petits pois. Épluchez les pommes de terre et détaillez-les en quartiers. Nettoyez les seiches (v. p. 13) et découpez-les en petits morceaux. Pelez

Vous avez là un plat unique savoureux et nourrissant: une tranche de tarte et le dîner est complet.

Seiches à la polenta

Une fois que vous avez nettoyé les seiches comme indiqué page 13, découpez les corps en lanières et hachez les tentacules.

Lavez les anchois sous l'eau courante et séparez les filets.

Faites revenir l'oignon émincé dans une sauteuse avec les seiches, l'ail, un brin de persil et 7-8 c. à soupe d'huile.

Laissez rissoler quelques instants en remuant puis mouillez d'un verre de vin et unissez les anchois (il est donc pratiquement inutile de saler).

Faites cuire à petit feu pendant une bonne demi-heure, sans cesser de tourner. Éteignez et arrosez de citron.

Servez les seiches chaudes avec de la polenta (voir recette p. 55).

Un plat unique succulent que vous pouvez faire suivre d'une tranche de gâteau aux fruits.

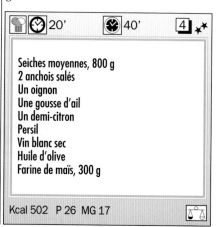

🍴🕐 20'   ✪ 40'   4 ★

Seiches moyennes, 800 g
2 anchois salés
Un oignon
Une gousse d'ail
Un demi-citron
Persil
Vin blanc sec
Huile d'olive
Farine de maïs, 300 g

Kcal 502   P 26   MG 17

Seiches au vin blanc

Nettoyez les seiches (voir p. 13) et détaillez-les en petits morceaux. Mettez-les à mariner dans une terrine avec 7-8 c. à soupe d'huile, une goutte de vin, un brin de persil, du sel et du poivre. Pelez l'ail et l'oignon et hachez-les menu. Au bout de 2 heures, sortez les seiches de leur marinade

(que vous conserverez) et égouttez-les. Versez la marinade dans une sauteuse et faites-y fondre le hachis d'ail et d'oignon. Unissez les seiches, une pincée de sel et de poivre et un verre de vin.

Baissez le feu, couvrez le récipient et faites cuire une demi-heure en remuant de temps en temps.
Éteignez, arrosez de jus de citron et servez aussitôt.

🍳 🕐 20'+2h   ❀ 40'   4 ★

Seiches (petites de préférence), 800 g
Un oignon
Une gousse d'ail
Un demi-citron
Persil
Vin blanc sec
Huile d'olive

Kcal 254 P 21 MG 12

Oignons farcis

 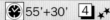

| ⬛🍴⏱ 25' | ✱ 55'+30' | 4 ⭐⭐ | | Kcal 371   P 14   MG 15 | ⚖ |

4 gros oignons blancs	Cannelle en poudre	Bouillon de légumes
Petits encornets rouges, 500 g	Coriandre et cumin (graines)	(voir p. 14)
Un oignon	Madère sec	Beurre, 80 g
Clous de girofle	Persil	Pamplemousse rose (facultatif)

1 Décalottez les oignons aux 3/4 de leur hauteur. Évidez-les en coupe, à l'aide d'une petite cuiller, et conservez la partie enlevée.
Piquez les "chapeaux" d'un ou deux clous de girofle.

3 Mixez longuement le contenu de la poêle, de manière à obtenir une pâte fine et lisse.

2 Nettoyez les encornets (voir p. 4). Tranchez les corps en rondelles et hachez les tentacules. Faites suer l'oignon haché dans 50 g de beurre puis unissez encornets, sel, poivre, cumin, coriandre et cannelle. Mélangez et versez un petit verre de madère. Cuisez 20 minutes à petit feu en mouillant avec du bouillon.

4 Farcissez les oignons et recoiffez-les. Rangez-les dans un plat à four beurré, salez et poivrez. Mouillez d'une louche de bouillon et glissez au four préchauffé à 180 °C. Laissez cuire une demi-heure en rajoutant du bouillon de temps en temps.
Servez ces délicieux oignons avec des pluches de persil et – encore plus joli – des quartiers de pamplemousse rose pelés à vif.

Encornets Cap Cod

🍴⏱ 25'+30'	❄ 1h 20'+30'	6 ✸		Kcal 522 P 38 MG 25	⚖

4 encornets rouges, 8-900 g Blanc de dinde, 250 g Champignons de Paris frais, 150 g	Une gousse d'ail Un morceau de poireau La mie d'un petit pain Bouillon de légumes (voir p. 14)	Vin blanc sec Beurre, 65 g Huile d'olive Un avocat (pour décorer)

1 Nettoyez les encornets (voir p. 4). Faites blondir l'ail dans 4 c. à soupe d'huile puis retirez-le. Faites rissoler les tentacules avec un demi-verre de vin et du sel. Laissez évaporer, versez un peu de bouillon et faites revenir 10 min. Mettez le poireau à fondre dans 30 g de beurre, unissez les champignons émincés, du bouillon, sel et poivre. Cuisez 7-8 min.

2 Mettez la dinde dans une grande casserole de bouillon avec une pincée de sel et de poivre. À ébullition, baissez et laissez cuire 16 à 18 min. sur feu doux.

3 Vous aurez mis la mie à tremper dans du bouillon 30 min. à l'avance. Mixez à petite vitesse la mie essorée, les champignons, la dinde et les tentacules hachés. Vous devez obtenir une pâte fine et lisse.

4 Farcissez les encornets, rangez-les dans un plat beurré. Salez, poivrez et versez une louche de bouillon. Faites cuire 35 min. au four (180 °C) en rajoutant du bouillon au fur et à mesure qu'il s'évapore. Découpez les encornets en rondelles avant de les servir avec un décor de tranches d'avocat.

Encornets farcis au riz

🍴⏱ 25'　　　⏰ 1h 30'+30' 4 ✦

Kcal 617　P 32　MG 26　⚖

4 encornets rouges, 8-900 g	Un oignon	Bouillon de légumes (voir p. 14)
Riz rond, 250 g	3 branches de céleri	Vin blanc sec
Moules, 500 g	Coulis de tomate	Beurre, 90 g
Un demi-poireau	Farine	Huile d'olive

1 Faites ouvrir les moules et décoquillez-les. Nettoyez les encornets (voir p. 4). Mettez le poireau à fondre avec 4-5 c. à soupe d'huile. Faites-y rissoler les tentacules hachés. Salez et poivrez. Unissez les moules, un demi-verre de vin et cuisez 10 min.

3 Farcissez les encornets et rangez-les dans un plat à four beurré. Salez, poivrez et mouillez d'une louche de bouillon. Glissez au four (180 °C). Faites cuire 35 minutes en rajoutant une goutte de bouillon au fur et à mesure qu'il s'évapore.

2 Faites suer l'oignon haché dans 30 g de beurre et 3-4 c. à soupe d'huile. Versez le riz et "dorez-le". Ajoutez 2 louches de bouillon, baissez le feu et faites cuire le riz en rajoutant un peu de bouillon chaud et une c. à soupe de coulis. Il doit être très ferme.

4 Pochez, égouttez et émincez le céleri. Faites une sauce blanche, assez fluide, avec le reste de beurre, 4 c. à soupe de farine et 3 louches de bouillon, versé petit à petit. Mixez-la en même temps que le céleri. Présentez cette sauce avec les encornets découpés en rondelles.

Table des matières

50 RECETTES

CALAMARS, SEICHES, POULPES
CUISINE DES MOLLUSQUES

Projet éditorial : Casa Editrice Bonechi
Directeur éditorial : Alberto Andreini
Concept et coordination : Paolo Piazzesi
Projet graphique : Maria Rosanna Malagrinò
Couverture : Andrea Agnorelli
Réalisation graphique : Marina Miele
Mise en pages PAO édition française :
Studio Grafico Vanni Berti
Rédaction : Chiara et Cristiana Berti
Traduction : Rose-Marie Olivier

*Toutes les recettes de ce volume ont été préparées
par l'équipe de nos cuisiniers.*
En cuisine : Mario Piccioli
Diététicien : Dr. John Luke Hili

*Les photos, propriété des archives Bonechi, ont été
réalisées par Andrea Fantauzzo.*

© 2003 by CASA EDITRICE BONECHI, Firenze - Italia
E-mail: bonechi@bonechi.it
Internet: www.bonechi.com

Imprimé en Italie par Centro Stampa Editoriale Bonechi.

ISBN 88-476-1336-1